Neil Macleod

A collection of pibaireachd or pipe tunes

As verbally taught by the M'Crummen pipers in the Isle of Skye

Neil Macleod

A collection of pibaireachd or pipe tunes
As verbally taught by the M'Crummen pipers in the Isle of Skye

ISBN/EAN: 9783337222550

Printed in Europe, USA, Canada, Australia, Japan

Cover: Foto ©Andreas Hilbeck / pixelio.de

More available books at **www.hansebooks.com**

A COLLECTION

OF

𝔓ibaireachd or 𝔓ipe 𝔗unes,

AS

VERBALLY TAUGHT BY THE

M'Crummen Pipers in the Isle of Skye,

TO THEIR APPRENTICES.

NOW PUBLISHED, AS TAKEN FROM JOHN M'CRUMMEN,

PIPER TO THE OLD LAIRD OF MACLEOD AND HIS GRANDSON,

THE LATE GENERAL MACLEOD OF MACLEOD,

IN THE HOPE THAT THESE ANCIENT RELICS MAY BE THUS PRE-
SERVED FOR FUTURE GENERATIONS, AND TEND TO KEEP
UP AND FOSTER THAT SPIRIT WHICH THEY HAVE
IN FORMER TIMES, AND ARE STILL SO WELL
CALCULATED TO EXCITE.

———•◦•◦•———

EDINBURGH:

REPRINTED FOR J. & R. GLEN, NORTH BANK STREET,
BY JAMES HOGG, 4 HENDERSON ROW.

1880.

CONTENTS.

NO.		PAGE
I.	Luinagieh *alias* Auiltich,	1
II.	Royal Oak that saved King Charles,	4
III.	Coghiegh nha Shie, War or Peace, the True Gathering of the Clans,	6
IV.	Mac Vic Horomoid, *alias* M'Leod Gesto's Gathering,	8
V.	Mac Vic Horomoid, *alias* M'Leod Gesto's Lamentation,	10
VI.	The Union of England with Scotland,	13
VII.	Kiaunidize,	16
VIII.	Lamentation for M'Leod of Greshershish,	20
IX.	Donald Groumach,	21
X.	Lassan Phadrig Chiegch,	25
XI.	Marquis of Talibeardin's Salute at Dunvegan Castle,	26
XII.	Kiaunma Drochid a Beig,	28
XIII.	Lamentation of Mac Vic Allister,	30
XIV.	Caugh Vic Rich Aro, a Lament,	32
XV.		33
XVI.	Isabel Nich Kay,	35
XVII.	Lament for King James, etc.,	37
XVIII.	Lament for the Laird of Ainapole,	38
XIX.	Tumilin o'Counichan,	40
XX.	Kilchrist,	41

PIBEREACH or PIPE TUNES, as taught verbally by the M'Crimmen Pipers in Skye to their Apprentices.

The following as taken from JOHN M'CRIMMON, Piper to the Old Laird of MacLeod, and his Grandson the late General M'Leod of M'Leod, at Dunvegan. By CAPTAIN NIEL MACLEOD, Gesto, Skye.

No. I.

TUNE— *Luinagich alias Auiltich.*

I trien ho radin, trien ho radin,
   trien ho radin, trien ho radin,
   trien tra ohin, trien ho radin,
   horiro vi o ho radin, trien tra ohin,
   trien ho radin, trien ho radin,
   trien ho radin, trien ho radin,
   horiro vi o ho radin, trien tra ohin,
   horiro vi o ha radin, trien ho radin,
   trien tha ohin, trien ho radin,
   horiro vi o ho radin, trien tha ohin,
   horiro vi o ha radin, trien tho radin,
   horiro vi o ho radin, trien tha ohin,
   hi eririn hien, hi eririn heen.

1st Variation. I hin din hochin, hin din hochin,
   hin din hochin, hin din hiodin,
   hin din hachin, hin din hochin,
   hochin hochin, hin din hiadin,

First measure of each Tune to be played twice over, at the commencement, and once after every variation and doubling ; but not to be played after the Crouluigh Mach or last part.

hin din hochin, hin din hochin,
hin din hochin, hin din hiaden,
hachin hochin, hin din hiadin,
hochin hachin, hin din hiodin,
hin din hachin, hin din hiodin
hachin hochin, hin din hiadin,
hochin hachin, hin din hiochin,
ho chin ho chin, hin din hia chin,
hiundun hiundun, hiundun hiundun.

Double 1st Var. I hien din ho ho, hien din ho ho,
hien din ho ho, hien din ho ho,
hien din ha ha, hien din ho ho,
ho ho ho ho, hien din ha ha,
hien din ho ho, hien din ho ho,
hien din ho ho, hien din ho ho,
ha ha, ho ho, hien din, ha ha,
ho ho, ha ha, hien din ho ho,
hien din ha ha, hien din ho ho,
ho ho, ho ho, hien din, ha ha,
ho ho, ha ha, hien din, ho ho,
ho ho, ho ho, hien din, ha ha,
hien dun, hien dun, hien dun, hien dnn.

2d Var. I hiendir ie to, hiendir ie to
hiendir ie to, hiendir ie to
hiendir ie ta, hiendir ie to,
hien do hien do, hien dir ie ta,
hiendir ie to, hiendir ie to,
hiendir ie to, hiendir ie to,
hien da, hien do, hiendir ie ta,
hien do, hien da, hiendir ie to,
hiendir ie ta, hiendir ie to,
hien do, hien do, hiendir ie ta,
hien do, hien da, hiendir ie to,
hien do, hien do, hiendir ie ta,
hiendir in dun, hiendir in dun, hiendir in dun, hiendir in dun.

3d Var. I hiendir ie to dir it, hiendir ie to dir it,
hiendir ie to dir it, hiendir ie tio dir it,
hiendir ie ta dir it, hiendir ie to dir it,

ho dir it ho dir it, hiendir ie tia dir it,
hiendir ie to dir it, hiendir ie to dir it,
hiendir ie to dir it, hiendir ie tio dir it,
ha dir it ho dir it, hiendir ie ta din,
ho dir it ha dir it, hindir ie tio din,
hiendir ei ta dirit, hiendir ei to dirit,
ho dir it, ho der it, hiendir ie ta din,
ho dir it ha dir it, hiendir ie tio din,
ho dir it ho dir it, hiendir ie ta din,
hiundir it, hiundir it, hiundir it, hiundir it.

4th Var. I hien da tri ho da tri, hien da tri, ho do tri.
hien da tri ho da tri, hien da tra hiodin
hien da tri ha da tri hien da tri ho da tri
ho da tri, ho da tri, hien da tri, hiadin,
hien da tri ha do tri hien da tri ho da tri
hien da tri, ho da tri, hien da tri hioden
ha da tri, ho da tri, hien da tri hiadin
hio da tri ha da tri hien da tri hiodin
hien da tri, ha da tri, hien da tri, ho da tri
hio da tri, ho da tri, hien da tri hiadin
hio da tri, ha da tri, hien da tri hiodin
hio da tri, ho da tri, hien da tri hiadin
hiun da tri, hiun da tri, hiun da tri, hiun da tri.

Crouluigh or last part. I hienda trie ri, ho da trie ri, hienda trie ri, ho da trie ri,
hien da trie ri, ho da trie rie, hien da trie ri, hio da trie rie,
hien da trie ri, ha da trie ri, hien da trie ri, ho da trie ri,
ho da trie ri, ho da trie ri, hienda trie ri, hiada trie ri,
hienda trie ri, ho da trie ri, hienda trie ri, ho da trie ri,
hienda trie ri, ho da trie ri, hienda trie ri, hio da trie ri,
ha da trie rie, ho da trie ri, hienda trie ri, hiada trie ri,
hio da trie ri, ha da trie ri, hienda trie ri, hio da trie ri,
hienda trie ri, ha da trie ri, hienda trie ri, ho da trie ri,
hio da trie ri, ho da trie ri, hienda trie ri, hia da trie ri,
hio da trie ri, ha da trie ri, hienda trie ri, hio da trie ri.
hio da trie ri, ho da trie ri, hienda trie ri, hia da trie ri,
hienda trie ri, hienda trie ri, hienda trie ri, hienda trie ri.

No. II.

ROYAL OAK THAT SAVED KING CHARLES.

First four
lines play
twice over.
I

I ha radin tra, hio tro radin,
ho radin tro, hio tro radin,
hirinin to, hien hin tro,
hio radin, tro, hio tro radin,
hio trochin tro, hio tro achin,
ho radin tra, hio tro radin,
ho ohin tra, hio radin tro,
ho botrachin, tro, hio tro radin,
hio botra, botrie ha, botrie hi,
hi hie, botri hiea, hio tro radin,
ha botrie hi, hie botri hie,
botri, hiea ho, hio tro ahin.

1st Var.   I hiaichinin, haichinin, hoichinin, hodin,
hoichinin, hoichinin, hoichinin, hohin,
hindirie toichinin, hindiries toichinin
haichinin, hoichinin, hoichinin, hodin,
hiochinin, hoichinin, hoichinin, hohin,
hoichinin, haichinin, hoichinin, hodin,
haichinin, haichinin, hoichinin, hoichinin,
haichinin, hoichinin, hoichinin, hohin
hiochinin, hichinan, hachinin, hichinin,
hieichinin, hachinin, hoichinin, hodin,
hachinin, hichinin, hochinin, hiiechinin,
hechinin hochinin hoichinin hohin.

Double.   I hiachin, hachinin, hochinin, hochinin
hochinin, hochinin, hochinin, hochinin,
hindirie, toichinin, hindirie, toichinin
haichinin, hoichinin, hoichinin, hoichinin,
hioichinin, hoichinin, hoichinin, hoichinin,
hoichinin, haichinin, hoichinin, hoichinin,
haichinin, haichinin, hoichinin, hoichinin,
hoichinin, hoichinan, hoichinin, hoichinin
hioichinin, hichinin, hachinin, hichanan,

hiechinin, hachinin, hachinin, hoichinin,
hachinin, hichinin, hichinin, hiechinin,
hichinin, hachinin, hoichinin, hochinin.

2d Var. I hiadirit, hadirit, hodirit, hodin,
hiodirit, hodirit, hodirit, hioin,
hindirie todirit, hindirie it todirit
hodirit, hodirit, hodirit, hodin,
hiodirit, hodirit, hodirit, hioin,
hodirit, hadirit, hodirit, hiodin,
hadirit, hadirit, hodirit, hodirit,
hiodirit, hodirit, hodirit, hioin,
hiodirit, hidirit, hadirit, hidirit,
hiedirit, hadirit, hodirit, hodin,
hadirit hiedirit hodirit hiedirit
hadirit, hodirit, hodirit, hoin.

Double. I hadirit, hadirit, hodirit, hodirit,
hodirit, hodirit, hodirit, hodirit,
hendirie to dirit, hindirie to dirit,
hodirit, hodirit, hodirit, hodirit,
hiodirit, hodirit, hodirit, hiodirit,
hodirit, hadirit, hodirit, hiodirit,
hadirit, hadirit, hodirit, hodirit,
hiodirit, hodirit, hodirit, hiodirit,
hiodirit, hidirit, hadirit, hidirit,
hiedirit, hadirit, hodirit, hodirit,
hadirit, hiedirit, hodirit, hidirit,
hadirit, hodirit, hodirit, hodirit.

3d Var. I Hiadatri, hadatri, hodatri, hiodin,
hodatri, hodatri, hodatri, hoin,
hindatri, hodatri, hindatri, hodatri,
hodatri, hodatri, hodatri, hiodin,
hiodatri, hodatri, hodatri, hoin,
hodatri, hadatri, hodatri, hiodin,
hadatri, hadatri, hodatri, hodatri,
hiodatri, hodatri, hodatri, hioin,
hiodatri, hidatri, hadatri, hidatri,
hiedatri, hadatri, hodatri, hodin,
hadatri, hiedatri, hodatri, hiedatri,

B

hadatri, hodatri, hodatri, hoin.

Double. I hiadatri, hadatri, hodatri, hodatri,
hodatri, hodatri, hodatri, hodatri,
hindatre, hodatri, hindatri, hodatri,
hodatri, hodatri, hodatri, hiodatri,
hiodatri, hodatri, hodatri, hiodatri,
hodatri, hadatri, hodatri, hiodatri,
hadatri, hadatri, hodatri, hodatri,
hiodatri, hodatri, hodatri, hiodatri,
hiodatri, hidatri, hadatri, hidatri,
hiedatri, hadatri, hodatri, hodatri,
hadatri, hiedatri, hodatri, hiedatri,
hadatri, hodatri, hodatri, hodatri.

No. III.

COGHIEGH NHA SHIE—WAR OR PEACE.

The True Gathering of the Clans.

I hodroho, hodroho, haninin hiechin,
hodroha, hodroho, hodroho hachin,
hiodroho, hodroho, haninin hiechin,
hodroha, hodroha, hodroha, hodroha,
hodroha, hodroho, hodroho hachin,
hiodroho, hodroho, haninin hiechin,
hodroha, hodroho, hodroho, hodroha,
haninun, haninun, haninun, haninun.

1st Var. I hodroho, hodroho, haninin hodroho,
hodroha, hodroho, hodroho, hodroha,
hodroho, hodroho, haninin hodroho
hodroha, hodroha, hodroha, hodroha,
hodroha, hodroho, hodroho hodraha,
hodroho, hodroho, haninin hodroho,
hodroha, hodroho, hodroho, hodroha,
hainun, haninun, haninun, haninun.

2d Var.	I hiodirit, hodirit, handirit, hiedin,
	hadirit, hodirit, hodirit, hachin
	hiodirit, hodirit, handerit, hiechin,
	hadirit, hadirit, hadirit, hadirit,
	hadirit, hodirit, hodirit, hachin,
	hodirit, hodirit, handirit, hiechin,
	hadirit, hodirit, hodirit, hadirit,
	hundirit, hundirit, hundirit, hundirit.
Double.	I hodirit, hodirit, handirit, hodirit,
	hadirit, hodirit, hodirit, hadirit,
	hiodirit, hodirit, handirit, hiedirit,
	hadirit, hadirit, hadirit, hadirit,
	hadirit, hodirit, hodirit, hadirit,
	hodirit, hodirit, handirit, hiedirit,
	hadirit, hodirit, hodirit, hadirit,
	hundirit, hundirit, hundirit, hundirit.
3d Var.	I hodatri, hodatri, handatri, hiedin,
	hadatri, hodatri, hodatri, hadin,
	hiodatri, hodatri, handatri, hiedin,
	hiadatri, hadatri, hadatri, hadatri,
	hadatri, hodatri, hodatri, hachin,
	hodatri, hodatri, hindatri, hiechin,
	hadatri, hodatri, hodatri, hadatri,
	hundatri, hundatri, hundatri, hundatri.
Double.	I hiodatri, hodatri, hiendatri, hodatri,
	hadatri, hodatri, hodatri, hadatri,
	hodatri, hodatri, hiendatri, hodatri,
	hadatri, hadatri, hadatri, hadatri,
	hadatri, hodatri, hodatri, hadatri,
	hodatri, hodatri, hiendatri, hiedatri,
	hadatri, hodatri, hodatri, hadatri,
	hundatri, hundatri, hundatri, hundatri.
4th Var.	I hodatiri, hodatiri, hindatiri, hiedatiri,
	hadatiri, hodatiri, hodatiri, hadatiri,
	hodatiri, hodatiri, hindatiri, hiedatiri,
	hadatiri, hadatiri, hadatiri, hadatiri,
	hadatiri, hodatiri, hodatiri, hadatiri,
	hodatiri, hodatiri, hindatiri, hiedatiri,

hadatiri, hodatiri, hodatiri, hadatiri,
hundatiri, hundatiri, hundatiri, hundatiri.

Croulaigh Mach or Finishing Measure.

Last Part. hiodratatateriri, hodratatateriri, hiendatatateriri, hodratatateriri,
hadratatateriri, hadratatateriri, hodratatateriri, hadratatateriri,
hodratatateriri, hodratatateriri, hiendatatateriri, hodratatateriri,
hadratatateriri, hadratatateriri, hadratatateriri, hadratatateriri,
hadratatateriri, hodratatateriri, hodratatateriri, hadratatateriri,
hodratatateriri, hodratatateriri, hiendatatateriri, hiedratatateriri,
hadratatateriri, hodratatateriri, hodratatateriri, hadratatateriri,
hiundratatateriri, hiendatatateriri, hiundratatateriri, hiundrata-
tateriri.

------- -♦♦♦ -------

No. IV.

MAC, VIC HOROMOID, *alias* M'LEOD GESTO'S GATHERING.

Hierurine hoderiro, hierurine hiodrodin,
hien hine hiodin, hiurerin hodiriro,
hiurerin, hiodrodin, hien hine hiodin,
hiodiriro hiodrodin, hien hine hiodro,
hien hine hiodin, hiuririn hiodiriro,
hiuririn hiodrodin, hien hine hiodin.

1st Var. I hindan hindan, hiochin hochin,
hindan hindan, hiochin hindan,
hundan hindan, hiochin,--
hindan hochin, hiochin hochin,
hiendan hiundan, hiendan hochin,
hochin hindan, hiundan hindan hochin.
hindan hochin, hochin hochin,
hindan hundan, hindan hochin.

Double. I hindan hindan, to ho, ho ho,
hindan hindan, tio ho hindan.

hundan hindan, tio ho,
hindan to ho, ho ho,
hindan hundan, hindan to ho, ho ho,
hindan hundan, hindan to ho,
hindan to ho, ho ho,
hindan hundan, hindan to ho.

2d Var. I hiarerin hiarerin, horerin hiorerin,
hiarerin hiarerin, horerin hiorerin,
hiarerin hauninin, hiarerin horerin,
hiarerin horerin, hiorerin horirin,
hiarerin hauninin, hiarerin horerin,
horerin hiarerin, hauninin hiorerin,
hiarerin hiorerin, horerin hiorerin,
hiarerin hauninin, hiarerin hiorerin.

Double. I hiadirin hiadirin, hodroho hiodroho,
hiadirin hiadirin, hodroho hiadirin,
hiadirin hauninin, hiadirin hiodroho,
hiadirin hiodroho, hodroho hiodroho,
hiadirin hauninin, hiadirin hodroho,
hodroho hiadirin, hauninin hiodroho,
hiadirin hiodroho, hodroho hiodroho,
hiadirin hauninin, hiadirin hiodroho.

3d Var. I hiandatiri hiandatiri, hodatiri hiodatiri,
hiandatiri hiandatiri, hodatiri hiandatiri,
hiandatiri haundatiri, hiandatiri hodatiri,
hiandatiri hodatiri, hiodatiri hodatiri,
hiandatiri haundatiri, hiandatiri hodatiri,
hodatiri hiandatiri, haundatiri hiodatiri,
hiandatiri hiodatiri, hodatiri hiodatiri,
hiandatiri haundatiri, hiandatiri hiodatiri.

Double. I hiandatiri hiandatiri, hodrotiri hiodrotiri,
hiandatiri hiandatiri, hodrotiri hiandatiri,
hiandatiri haundatiri, hiandatiri hodrotiri,
hiandatiri hiodrotiri, hodrotiri hiodrotiri,
hiandatiri haundatiri, hiandatiri hodrotiri,
hodrotiri hiandatiri, haundatiri hiodrotiri,
hiandatiri hiodrotiri, hodrotiri hiodrotiri,
hiandatiri haundatiri, hiandatiri hiodrotiri.

Crouluigh Mach or Last Part.

1 Hiandratatiriri, hiandratatiriri, hodrototiriri, hiodrototiriri, hiandratatiriri, hiandratatiriri, hodrototiriri, hiandratatiriri, hiandratatiriri, hiundratatiriri, hiandratatiriri, hodrototiriri, hiandratatiriri, hiodrototiriri, hodrototiriri, hiodrotatiriri, hiandratattiriri, hiundratatiriri, hiandratatiriri, hodrototiriri, hodrototiriri, hiandratatiriri, hiundratatiriri, hiodrototiriri, hiandratatiriri, hiodrototiriri, hodrototiriri, hiodrototiriri, hiandratatiriri, hiundratatiriri, hiandratatiriri, hiodrototiriri.

No. V.

MAC, VIC HOROMOID, *alias* M'LEOD GESTO'S
LAMENTATION.

Very slow. I him botrodin hiodro, bietrieo hochin,
hieo hochin dro, hiovin to ho dro,
bietrio hiochin, hieo hochin dro,
1 him botrodin hiodro, bietrieo hochin,
hieo hochin dro, hiovin to ho dro,
bietrio hiochin, hieo hochin dro,
him botrodin hiedro, bitriu hihu,
bietriu hiu hi, hiovin to ho dro,
bitriu bi hu, bietrio hochin dro,
him botrodin hiodro, bietriu hi hu,
bitriu hiu hi, bitriu dirivi,
hie drieo, hodro bietrieo hiochin dro.

1st Var. 1 hindin hochin, hochin, hiechin,
hochin hiechin, hochin hiodin,
hiochin hochin, hiochin hiechin,
hiochin hiechin, hochin hundin,
hindan hichin, hiechin hichin,
hochin hiechin, hiochin hiodin.

hiochin hochin, hiochin hichin,
hiechin hichin, hochin hindan,
hindan hichin, hiechin hichin,
hochin hiechin, hiochin hiodin,
hiechin hiechin, hiechin hichin,
hiochin, hiechin, hochin hindan.

Double. I hindan ho ho, ho ho hiehie,
hioho hiehie, ho ho hioho,
hioho hoho, hioho hiehie,
hioho hiehie, ho ho hindan,
hindan hi hi, hiehie hi hi,
hioho hiehie, ho ho hioho,
hioho hi hi, hiehie hi hi,
hioho hi hi, ho ho hindan,
hindan hi hi, hiehie hi hi,
ho ho hiehie, hiehie ho ho,
hi hi hiehie, hiehie hi hi,
hioho hi hi, ho ho hindan.

2d Var. I hindiran to, hindo hindi,
hindo hindi, hindo ho.
hindirin to, hindo hindi,
hindo hindi, hindo hine,
hindir, hindi, hindie, hindi,
hindo, hindie, hindo, hio,
hindir, hindi, hindie, hindi,
hindo, hindi, hindo, hine,
hindir, hindi, hindie, hindi,
hindo, hindie, hindo, hio,
hindi, hindie, hindie, hindi,
hindo, hindi, hindo, hine.

Double. I hindir, hindo, hindo, hindi,
hindo hindi, hindo hindo,
hindo, hindo, hindo, hindi,
hindo, hindi, hindo,
hindir, hindi, hindie, hindi,
hindo, hindie, hindo, hindo,
hindo, hindi, hindie, hindi,
hindo, hindi, hindo,

hindir, hindi, hindi, hindi,
hindo, hindie, hindo, hindo,
hindi, hindie, hindie, hindi,
hindo, hindi, hindo, hinderin.

3d Var. I hiererine, horerine, horerine, hirerine,
hiorerine, hiererine, horerine, hiodin,
hiorerin, horerine, hiorerene, hieririne,
hiorerini, hiererine, horerine, hindan.
hiurerine, hirerine, hiererine, hirerine,
hiorerine, hiererine, horerine, hiodin,
hiorerini, hirerine, hiererine, hirerine,
hiorerine, hirerine, horerine, hindan.
hiurerine, hirerine, hiererine, hirerine,
hiorerine, hiererine, hiorerine, hiodin,
hirerine, hiererine, hiererine, hirerine,
hiorerine, hirerine, horerin, hindan.

Double. I hiurerine, horerin, horerin, hirerin,
hiorerin, hiererin, horerin, hiorerin,
hiorerin, horerin, hiorerin, hiererin,
hiorerin, hiererin, horerin.
hiurerine, hirerin, hiererin, hirerin,
hiorerin, hiererin, horerin, hiorerin,
hiorerine, hirerin, heirerin, hirerin,
hiorerin, hirerin, horerin.
hiurerin, hirerin, hiererin, hirerin,
hiorerin, hiererin, horerin, hiorerin,
hirerin, hiererin, hiererin, hirerin,
hiorerin, hirerin, horerin, hindan.

4th Var. I hiundatri, hodatri, hodatri, hidatri,
hiodatri, hiedatri, hodatri, hiodin,
hiodatri, hodatri, hiodatri, hiedatri,
hiodatri, hiedatri, hodatri, hindan.
hiundatri, hidatri, hiedatri, hidratri,
hiodatri, hiedatri, hodatri hiodin,
hiodatri, hidatri, hiedatri, hidatri,
hiodatri, hidatri, hodatri, hindan.
hiundatri, hidatri, hiedatri, hidatri,
hiodatri, hiedatri, hodatri, hioin,

hidatri, hiedatri, hiedatri, hidatri,
hiodatri, hidatri, hodatri, hindun.

Double. I hiundatri, hodatri, hodatri, hidatri,
hiodatri, hiedatri, hodatri, hiodatri,
hiodatri, hodatri, hiodatri, hiedatri,
hiodatri, hiedatri, hodatri,
hiundatri, hidatri, hiedatri, hidatri,
hiodatri, hiedatri, hodatri, hiodatri,
hiodatri, hidatri, hiedatri, hidatri,
hiodatri, hidatri, hodatri,
hiundatri, hidatri, hiedatri, hidatri,
hiodatri, hiedatri, hodatri, hiodatri,
hidatri, hiedatri, hiedatri, hidatri,
hiodatri, hidatri, hodatri, hindun.

No. VI.

THE UNION OF SCOTLAND WITH ENGLAND, COM-
POSED BY A SCOTCH PIPER, COMMONLY CALLED
MOLLUCH NA PIPERIN.

I hindro dieliu hiechin, hindro hindrie hiachin,
biedrio dravi hiechin,
hiendo, hindo, hien hin,
betrievi, hievi, hiavi, hiova,
hindro, dieliu, hiechin,
hindro, hi hie, drie haichin,
bietrieo, dravi, hiechin,
hindo, hindo, hien hin,
beetrieviu hie vieo, havicu hovao,
hindro, dieliu, hiechin,
hientro, hiutrie, hiaotro,
bietriea, hierierine.

1st Var. I hindan, hiochin, hiachin,
hindan, hundan, hindan, hiochin,   C

hindan, hindan, hiochin, hiachin,
hindan hundan, hindan hiochin,
hindan hundan, hiochin hiachin,
hindan hundan, hindan hundan,
hindan hiochin.

Double. I hindan ho ho, ha ha,
hindan hundan, hindan, ho ho,
hindan hundan, ho ho, ha ha,
hindan hundan, hindan, ho ho,
hindan hundan, ho ho, ha ha,
hindan hundan, hindan hundan,
hindan ho ho.

2d Var. I hindan, ta ho, ho ho,
hundan, ta ha, ho ho,
hindan, ta ha, ho ho,
hundan, ta ha, ho ho,
hindan, ta ha, ho ho,
hundan, ta ha, ho ho.

Double. I hindan, ta ha, ho ho, ha ha,
hundan, ta ha, ho ho, ha ha,
hindan, ta ha, ho ho, ha ha,
hundan, ta ha, ho ho, ha ha,
hindan, ta ha, ho ho, ha ha,
hundan, ta ha, ho ho, ha ha.

3d Var. I hiurierine toriercn tarierin,
hircrine hurierin, hicrerin torierin,
hiererin hurierin, torcrin tarcrin,
hicririn huririn, hiererin torcrin,
hicrerin hurcrin, torcrin, tarerin,
hicrcrin hurerin, hierenin hurcrin,
hicrcrin torcrin.

Double. I hicrin tarcrin torcrin,
hurerin tarcrin torcrin,
hiercrin tarcrin torcrin,
hurerin tarcrin torcrin,
hiererin tarerin torcriro,
hurerin tarcrin torcrin.

**Double
again.** I hiercrin tarcrin, horcrin tarcrin,

hurerin tarerin, horerin tarerin,
hiererin tarerin, horerin tarerin,
hurerin tarerin, horerin tarerin,
hiererin tarerin, horerin tarerin,
hurerin tarerin, horerin tarerin,

4th Var. I hindirin, hodroho, hadraha,
hindirin, hundinin, hindirin, hodroho,
hindirin, hundinin, hodroho, hadraha,
hindirin, hundinin, hindirin, hodroho,
hindirin, hundinin, hodroho, hadraha,
hindirin, hundinin, hindirin, hundinin,
hindirin, hodroho.

Double. I hindirin, hadraha, hodroho,
hundinin, hadraha, hodroho,
hindirin, hadraha, hodroho,
hundinin, hadraha, hodroho,
hindirin, hadraha, hodroho,
hundinin, hadraha, hodroho.

Double again. I hindirin, hadraha, hodroho, hadraha,
hundinin, hadraha, hodroho, hadraha,
hindirin, hadraha, hodroho, hadraha,
hundinin, hadraha, hodroho, hadraha,
hindirin, hadraha, hodroho, hadraha,
hundinin, hadraha, hodroho, hadraha.

5th Var. I hindatiri, hodatiri, hadatiri,
hindatiri, hundatiri, hindatiri, hodatiri,
hindatiri, hundatiri, hodatiri, hadatiri,
hindatiri, hundatiri, hindatiri, hodatiri,
hindatiri, hundatiri, hodatiri, hadatiri,
hindatiri, hundatiri, hindatiri, hundatiri,
hindatiri, hodatiri.

Double. I hindatiri, hadatiri, hodatiri,
hundatiri, hadatiri, hodatiri,
hindatiri, hadatiri, hodatiri,
hundatiri, hadatiri, hodatiri,
hindatiri, hadatiri, hodatiri,
hundatiri, hadatiri, hodatiri.

Double again. I hindatiri, hadatiri, hodatiri, hadatiri,

hundatiri, hadatiri, hodatiri, hadatiri.
hindatiri, hadatiri, hodatiri, hadatiri,
hundatiri, hadatiri, hodatiri, hadatiri,
hindatiri, hadatiri, hodatiri, hadatiri,
hundatiri, hadatiri, hodatiri, hadatiri.

No. VII.

Played at a time when the Scotts were at War in England, and obliged to feed on the Ears of Corn for want of Provision, commonly called KIAUNIDIZE.

I him botrao, hievio va,
  hierin, hierin,
  ho dra, hievi, havie,
  ho dra, hievi, hiodin,
  him bodrao, hievio va,
  hiererin, hiererin,
  hindo, hinda, hierero,
  hao, havi, hierero,
  hierero, ho dra, hievi, havi,
  ho dra, hievi, hiodin,
  him bodrao, hievio va,
  hiererin hierein,
  betrio, ha hievi, havi,
  hodra, hievi, hiodin.
  hiererine, hiererine,
  hiererine, hiererine.

1st Var. I hiedro, hiedro, hiedro, vao.
  hiererine, hiererine,
  hiedro, hiedro, hiedro, hiedro bitrio, vao,
  bietria, hiodine,
  hiedro, hiedro, hiedro, voa.
  hiererine, hiererine.

hindo, bitrica, hierero,
vao bietria, hierero,
hierero, hiedro, hiedro, hiedro.
bietrio, vao, bietria. hiodin,
hiedro, hiedro, hiedro vao,
hiererine, hiererine,
bietrio, va hiedro, bietrio, vao,
botria, hiodine,
hiererine, hiererine,
hiererine, hiererine.

2d Var.   I hinda, hindo, hindo, hinda,
hiererine, hiererine,
hindo, hindo, hinda, hinda,
hindo, hinda, hi odine,
hinda, hindo, hindo, hinda,
hiererine, hiererine,
hindo, hinda, hierero, hierero,
hinda, hinda, hierero, hierero,
hinda, hinda, hinda, hinda,
hindo, hinda, hio dine,
hinda, hindo, hindo, hinda,
hiererine, hiererine,
hindo, hindo, hinda, hinda,
hindo, hinda, hinda, hindo,
hiererine, hiererine,
hiererine, hiererine.

Double.   I hinda hindo, hinda hinda,
hindo hindo, hinda hinda,
hindo hinda, hindo hinda,
hindo hindo, hinda hinda,
hinda hindo, hindo hinda,
hindo hindo, hinda hinda,
hindo hinda, hindo hindo,
hinda hinda, hindo hindo,
hinda hinda, hinda hinda,
hindo hinda, hindo hindo,
hinda hindo, hinda hinda,
hindo hinda, hindo hindo,

hindo hindo, hinda hinda,
hindo hinda, hinda hinde,
hinda hinda, hindo hindo,
hininin, hininin, hininin, hininin.

3d Var. I hinininda hininindo, hininindo hininda,
hiererine, hiererine,
hininindo hininindo, hinininda hinininda,
hininindo hinininda, hi odine,
hinininda hininindo, hininindo hinininda,
hiererine, hiererine,
hininindo hinininda, hierero hierero,
hinininda hinininda, hierero hierero,
hinininda hinininda, hinininda hinininda,
hinininda hinininda, ho odine,
hinininda hininindo, hininindo hinininda,
hiererine, hiererine,
hininindo hininindo, hinininda hinininda,
hininindo hinininda, hinininda hininindo,
hiererine, hiererine,
hiererine, hiererine.

Double. I hinininda hininindo, hininindo hinininda,
hininindo hininindo, hinininda hinininda,
hininindo hinininda, hininindo hinininda,
hininindo hininindo, hinininda hinininda,
hinininda hininindo, hininindo hinininda,
hininindo hininindo, hinininda hinininda,
hininindo hinininda, hininindo hininindo,
hinininda, hinininda, hininindo, hininindo,
hinininda, hinininda, hinininda, hinininda,
hininindo, hinininda, hininindo, hininindo,
hinininda, hininindo, hininindo, hinininda,
hininindo, hinininda, hininindo, hininindo,
hininindo, hininindo, hinininda, hinininda,
hininindo, hinininda, hinininda, hininindo,
hinininda, hinininda, hininindo, hininindo.
hinderinta, hinderinta, hinderinta, hinderinta.

4th Var. I hientareri, hientoreri, hientoreri, hientareri,
hiererine, hiererin,

hientoreri, hientareri, hientoreri, hientareri,
hientoreri, hientoreri, hi odine,
hientareri, hientoreri, hientoreri, hientareri,
hiererine, hiererine,
hientoreri, hientareri, hioriro, hioriro,
hientareri, hientarire, hioriro, hioriro,
hientoreri, hientareri, hientareri, hientareri,
hientoreri, hientareri, hi odine,
hientareri, hientoreri, hientoreri, hientareri,
hiererine, hiererine,
hientoreri, hientoreri, hientareri, hientareri,
hientoreri, hientoreri, hientareri, hientoreri,
hiererine, hiererine,
hiererine, hiererine.

Double. I hiendareri, hiendoreri, hiendoreri, hiendareri,
hiendoreri, hiendoreri, hiendareri, hiendareri,
hiendoreri, hiendareri, hiendoreri, hiendareri,
hiendoreri, hiendoreri, hiendareri, hiendareri,
hiendareri, hiendoreri, hiendoreri, hiendareri,
hiendoreri, hiendoreri, hiendareri, hiendareri,
hiendoreri, hiendareri, hiendoreri, hiendoreri,
hiendareri, hiendareri, hiondoreri, hiendoreri,
hiendoreri, hiendareri, hiendareri, hiendareri,
hiendoreri, hiendareri, hiendoreri, hiendoreri,
hiendareri, hiendoreri, hiendoreri, hiendareri,
hiendoreri, hiendareri, hiendareri, hiendoreri,
hiendoreri, hiendoreri, hiendareri, hiendareri,
hiendoreri, hiendareri, hiendareri, hiendoreri,
hiendareri, hiendareri, hiondoreri, hiendoreri,
hiendatereri, hiendatereri, hiendatereri, hiendatereri.

No. VIII.

LAMENTATION FOR DONALD M'LEOD OF GRESHERNISH.

Slow.

Hiererine, hioenin,
 him botrao, hainin,
 hienin, hioenin,
 him botrao, hainin,
 hiererine, hioenin,
 hiereriea, hienin,
 habotria, hioenin,
 hiereriea, hienin,
 hiendo, botriea, hioa, hindi,
 hia virlao, hainin,
 hienin, hioenin,
 him botrao, hienin.

1st Var.

I hiendan, hiendan, hochin,
 hiendan, hachin, hachin, hachin,
 hiendan, hiechin, hiendan, hochin,
 hiendan, hachin, hachin, hachin,
 hiendan, hiendan, hochin,
 hiendan, hiechin, hievia, hiechin,
 hiendan, hachin, hievia, hochin,
 hiendan, hiechin, huvia, hiechin,
 hiendan, hochin, hiendan, hiechin,
 hiendan, hachin, hachin, hochin,
 hiendan, hiechin, hiendan, hochin,
 hiendan, hiendan, tao hiechin, hiendan.

Double.

I hiendan, hiendan, ho ho,
 hiendan, ha ha, ha ha, ha ha,
 hiendan, hie hie, hindan, ho ho,
 hiendan, ha ha, ha ha, ha ha,
 hiendan, hiendan, ho ho,
 hiendan, hie hie, hie hie, hie hie,
 hiendan, ha ha, hie hie, ho ho,
 hiendan, hie hie, hie hie, hie hie,

hiendan, ho ho, hiendan, hie hie
hiendan, ha ha, ha ha, ho ho,
hiendan, hie hie, hiendan, ho ho,
hiendan, hiendan, ta ha, hie hi, hiendan.

2d Var, I hindirit, hindirit, hoderit,
hindirit, hadirit, hadirit, hadirit,
hindirit, hiedirit, hiendirit, hodirit,
hiendirit, hadirit, hadirit, hadirit,
hiendirit, hiendirit, hodirit,
hiendirit, hiedirit, hiedirit, hiedirit,
hiendirit, hadirit, hiedirit, hoderit,
hiendirit, hiedirit, hiederit, hiederit,
hienderit, hodirit, hiendirit hiedirit,
hiendirit, hadirit, hadirit, hoderit,
hiendirit, hiedirit, hiendirit, hodirit,
hiendirit, hiendirit, hadirit, hiendirit, hiendirit.

3d Var, I hiendatri, hiendatri, hodatri,
hiendatri, hadatri, hadatri, hadatri,
hiendatri, hiedatri, hiendatri, hodatri,
hiendatri, hadatri, hadatri, hadatri,
hiendatri, hiendatri, hodatri,
hiendatri, hiedatri, hiedatri, hiedatri,
hiendatri, hadatri, hiedatri, hodatri,
hiendatri, hiedatri, hiedatri, hiedatri,
hiendatri, hodatri, hiendatri, hiedatri,
hiendatri, hadatri, hadatri, hodatri,
hiendatri, hiedetri, hiendatri, hodatri,
hiendatri, hindatri, hadatri, hiedatri, hiendatric.

No. IX.

DONALD GROUMACH,

I himbotrao hiodro, hodroradin hiodin,
hindo botriea, hiedirieo, hadiriea hiodro,
hobodrao hiodiriea, himbodrodin hiodin,
hindo bodria, hiediriea, hadiriea hiodro,

D

hodroradin hiodin, hievi havi hiodin,
hobodrao hiodirica, himbodrodin hiodin,
hindo bodria, hiediriea, hadirica hiodro,
hobodrao hiodirica, hovi hovi biodin.

1st Var. I hindi, hievi, hovi, hovi, hovi, hovi, hiodin,
hindi, hievi, hievi, hievi, havi, havi, hiodin,
hindo, hindo, hindo hindi, heive, havi hiodin,
hindi hievi, hievi, hievi, havi, havi, hiodin,
hindo, hindo, hiodin, hievi, havi, hiodin,
hindo, hindo, hindo, hindi hievi, havi, hiodin,
hindi hievi, hievi, hievi, havi, havi, hiodin,
hodro, hindi, hodro hindi, hievi, havi hiodin.

2d Var. I hinda, hinda hindo hindo, hindo hindo hiodin,
hindi, hindi hindi, hindi, hinda hindi, hiodin,
hindo, hinda hindo, hindi hinda, hindo hiodin,
hindi, hindi hindi, hindi hinda, hindi hiodin,
hindo, hindo hiodin, hindo hinda hiodin,
hinda, hinda hindo, hindo hindo, hindo hiodin,
hindi, hindi hindi, hindi hinda, hindi hindo,
hindi, hindo hinda, hindi hinda, hindo hiodin.

Double. I hinda, hinda hindo, hindo, hindo hindo, hindo, hindo,
hindi hindi, hindi hindi, hinda hindi, hindo hindo,
hindo, hinda, hindo, hindi, hinda, hindo, hindo, hindo,
hindi, hindi, hindi, hindi, hinda, hindi, hindo, hindo,
hindo, hindo, hindo, hindo, hindo, hinda, hindo, hindo,
hinda, hinda, hindo, hindo, hindo, hindo, hindo, hindo,
hindi, hindi, hindi, hindi, hinda, hindi, hindo, hindo,
hindo, hinda, hindo, hindi, hinda, hindo, hindo, hindo.

3d Var. I hinininda hinininda, hininindo hininindo hininindo.
hininindo hiodin,
hininindi, hininindi, hininindi, hininindi, hinininda,
hininindi hiodin,
hininindo, hinininda, hininindo, hininindi, hinininda,
hininindo, hiodin,
hininindi, hininindi, hininindi, hininindi, hinininda,
hininindi hiodin.
hininindo, hininindo, hiodin, hininindo, hinininda,
hiodin.

hinininda, hinininda, hininindo, hininindo,
hininindo, hininindo, hiodin.
hininindi, hininindi, hininindi, hininindi, hinininda,
hininindi, hininindo, hininindi hininindo, hinininda,
hininindi, hinininda, hininindo, hiodin.

Double. I hinininda, hinininda, hininindo, hininindo, hininindo,
hininindo, hininindo,
hininindi, hininindi, hininindi, hininindi, hinininda,
hininindi, hininindo,
hininindo, hinininda, hininindo, hininindi, hininindo,
hininindo, hininindo,
hininindi, hininindi, hininindi, hininindi, hinininda,
hininindi, hininindo,
hininindo, hininindo, hininindo, hininindo, hinininda,
hininindo,
hinininda, hinininda, hininindo, hininindo,
hininindo, hininindo, hininindo,
hininindi, hininindi, hininindi, hininini. hinininda,
hininindi, hininindo, hininindi, hininindo, hinininda,
hininindi, hinininda, hininindo, hininindo.

4th Var. I hindirit, hadirit, hodirit, hodirit, hodirit, hodirit,
hodirit hiodin,
hindirit hiderit, hiedirit hiedirit hadirit,
hiedirit hodirit hiodin,
hodirit hadirit, hodirit hiedirit hadirit,
hodirit hodirit, hiodin,
hindirit hidirit, hiedirit hiedirit, hadirit,
hiedirit hodirit hiodin,
hodirit hodirit hodirit, hiodin hodirit,
hadirit, hodirit, hiodin,
hadirit, hadirit, hodirit, hodirit, hodirit,
hodirit, hodirit, hiodin,
hindirit, hidirit, hiedirit, hiedirit, hadirit,
hiedirit, hodirit, hiedirit, hodirit, hadirit,
hodirit, hiedirit, hadirit, hadirit, hodirit,
hiodin.

Double. I hindirit, hadirit, hodirit, hodirit, hodirit, hodirit,
hodirit, hodirit.

hindirit, hidirit, hiedirit, hiedirit, hadirit.
hiedirit, hodirit, hodirit,
hodirit, hadirit. hodirit, hiedirit, hadirit,
hodirit, hodirit, hodirit.
hindirit, hidirit, hiedirit, hiedirit, hadirit,
hiedirit, hodirit, hodirit,
hodirit, hodirit, hodirit, hodirit, hodirit,
hadirit, hodirit, hodirit.
hadirit hadirit, hodirit hodirit, hodirit,
hodirit, hodirit, hodirit,
hindirit hidirit, hiedirit hiedirit, hadirit,
hiedirit hodirit, hiedirit hodirit, hadirit,
hodirit hiedirit, hadirit, hadirit, hodirit.
hodirit.

5th Var   I hindatri hodatri, hodatri, hodatri hodatri,
hodatri, hodatri, hiodin,
hindatri hidatri, hiedatri hiedatri, hodatri,
hiedatri, hodatri, hiodin,
hindatri hadatri, hodatri hiedatri, hadatri,
hodatri, hodotri, hiodin,
hindatri hidatri, hiedatri hiedatri, hadatri,
hiedatri, hodatri, hiodin,
hodatri hodatri, hodatri hiodin, hodatri,
hodatri, hodatri, hiodin,
hindatri hadatri, hodatri hodatri, hodatri,
hodatri, hodatri, hiodin,
hindatri hidatrie, hiedatri hiedatri, hadatri,
hiedatri hodatri, biedatri hodatri, hadatri,
hodatri hiedatri, hadatri hodatri, hodatri.

Double.   I hindatri hadatri, hodatri hodatri, hodatri,
hodatri, hodatri, hodatri,
hindatri hidatri, hiedatri hiedatri, hadatri,
hiedatro, hodatri, hodatri,
hindatri hadatri, hodatri hiedatri, hadatri,
hodatri, hodatri, hodatri,
hindatri hidatri, hiedatri hiedatri, hadatri,
hiedatri, hodatri, hodatri,
hodatri, hodatri, hodatri, hodatri, hodatri,

hadatri, hodatri, hodatri,
hindatri hadatri, hodatri, hodatri, hodatri,
hodatri, hodatri, hodatri,
hindatri, hidatri, hiedatri, hiedatri, hadatri,
hiedatri, hodatri, hiedatri, hodatri, hodatri,
hodatri, hiedatri, hadatri, hodatri, hodatiri.

No. X.

Played by Patrick M'Crimmon, commonly called
LASSAN PHADRIG CHIEGCH.

1 hintoradin hiento, hodrovao hieinto,
hintoradin ha botrie, oddin drao bodrie, ochin to,
ha bodrie oddin hintoradin, hodrova ochin to,
hintoradin, ha bodrie oddin, drao bodrie, ochin to,
hodrova ochin to, hievi, hieo, hiento,
ho bodrie oddin, hintoradin, hodrova ochin to,
hintoradin, habodrie oddin, drao bodrie, ochin to,
biedrieo drao hodra, biedrieo hoichin dro, ochin to.

1st Var.   1 hinininda, hiendo, hodro hoho hieindo,
hininindo, hinininda, hininindi, hieindo,
hininindi, hinininda, ho dro ho ho hiendo,
hininindo, hinininda, hininindi, hiendo,
ho dro ho ho hiendo, hinininda hiendo,
hininindi, hinininda, ho dro ho ho hiendo,
hininindo, hinininda, hininindi, hiendo,
hininindi, hinininda, ho dro ho ho hiendo.

Double.   1 hinininda, hininindo, ho dro ho ho, hininindo,
hininindo, hinininda, hininindi, hininindo,
hininindi, hinininda, ho dro ho ho, hininindo,
hininindo, hinininda, hininindi, hininindo,
ho dro ho ho, hininindo, hinininda, hininindo,
hininindi, hinininda, ho dro ho ho, hininindo,
hininindo, hinininda, hininindi, hininindo,

hininindi, hininindi, ho dro ho ho, hininindo.

2d Var. I hentarieri hiendo, hohorieri hiendo,
hintorieri hintarieri, hiedatiri hiendo,
hiedateri, hintarieri, hoharieri, hiendo,
hintorieri, hintarieri, hiedatiri, hiendo,
hohorieri hiendo, hintarieri hiendo,
hiedateri, hintarieri, hohorieri, hiendo,
hintorieri, hintarieri, hiedatiri, hiendo,
hiedatiri, hintarieri, hohorieri, hiendo.

Double. I hintarieri, hintorieri, hohorieri, hintorieri,
hintorieri, hintarieri, hiedatiri, hintorieri,
hiedatiri hintarieri, hoharieri, hintorieri,
hintorieri, hintarieri, hiedatiri, hintorieri,
hohorieri, hintorieri, hintarieri, hintorieri,
hiedatiri, hintarieri, hohorieri, hintorieri,
hintorieri, hintarieri, hiedatiri, hintorieri,
hiedatiri, hintarieri, hohorieri, hintorieri.

No. XI.

Marquis of Talibeardin's Salute at Dun-
vegan Castle, *played by Patrig Oig Mac-
crimmon.*

I droho hoddin, droho hoddin,
hodrovio hie oddin, hieririne, hieririne,
droho hoddin, droho hoddin,
hodrovio hie ohdin, hioriro, hioriro,
droho hoddin, droho hoddin,
hodrovio hie oddin, hieririne, hieririne,
hodrovio hie oddin, droho hoddin hiodin,
hieririne, hieririne, hieririne, hieririne.

1st Var. I hochinto, hochinto,
hochinto hie oddin, hieririne, hieririne,
hochinto, hochinto,

hochinti hie oddin, hioriro, hioriro,
hochinto, hochinto, hochinti hie oddin,
hieririne, hieririne,
hochinti hie oddin, hochinti hiodin,
hieririne, hieririne, hieririne, hieririne.

2d Var.   I hodirito, hodirito, hodiriti,
hie oddin, hieririne, hieririne,
hodirito, hodirito, hodiriti,
hie oddin, hioriro, hioriro,
hodirito, hodirito, hodiriti,
hie oddin, hieririne, hieririne,
hodiriti hie oddin, hodirito hiodin,
hieririne, hieririne, hieririne, hieririne.

3d Var.   I hodiedirinto, hodiedirinto, hodiedirinti,
hie oddin, hieririne, hieririne,
hodiedirinto, hodiedirinto, hodiedirinti,
hie oddin, hioriro, hioriro,
hodiedirinto, hodiedirinto, hodiedirinti,
hie oddin, hieririne, hieririne,
hodiedirinti, hie oddin, hodiedirinto, hiodin,
hieririne, hieririne, hieririne, hieririne.

Double.   I hodadirinto, hodadirinto, hodadirinti,
hiedaderenti, hiendadirinan, hiendadiranan
hodadirinto, hodadirinto, hodadirinti,
hiedadirinti, hodadirinto, hodadirinti,
hodadirinto, hodadirinto, hodadirinti,
hiedadirinti, hiendadirinan, hiendadirinan,
hodadirinti, hiedadirinti, hodadirinto,
hiendaderinun, hiendaderinun, hiendaderinun.

No. XII.

Kiaunma Drochid a Beig, alias the Head of the little Bridge, played by M'Leod's piper, during Skirmishes in Ireland, inviting the clan Cameron to follow him and his party across the Bridge to the Enemy, which they did.

I hininin do, hininin do,
hininin do. hindo, hinda,
hininin do, hindo, hindi,
hininin do, hindo, hinda,
hininin do, hininin do,
hininin do, hindo, hindi,
hininin do, hindo, hinda.
hindi, hova, hindo, hindi.

1st Var.   I hinda hova, hinda hova.
hinda hova, hinda hova,
hindi hova, hindo hindi,
hinda hova, hinda hova,
hindi hova, hindi hinda,
hindi hova, hindo hindi,
hinda hova, hinda hova,
hindi hova, hindo hindi.
hinda hova, hinda hova,
hinda hova, hinda hova,
hinda hova, hinda hova,
hinda hova, hinda hova,
hinda hova, hinda hova,
hinda hova, hinda hova,
hinda hova, hinda hova,
hinda hova, hinda hova,

2d Var.   I hininindo hininindo,
hininindo hininindo,
hininindo hininindo,
hininindo hininindo,

hininindo hininindo,
hininindo hininindo,
hininindo hininindo,
hininindo hininindo,

Double. I hininindo hinininda,
hininindo hinininda,
hininindo hinininda,
hininindo hinininda,
hininindo hinininda,
hininindo hinininda,
hininindo hinininda,
hininindo hinininda.

3d Var. I hininindo hororova,
hininindo hororova,
hininindo hororova,
hininindo hororova,
hininindo hororova,
hininindo hororova,
hininindo hororova,
hininindo hororova.

Double. I hinininda hororovie,
hinininda hororovie,
hinininda hororovie,
hinininda hororovie,
hinininda hororovie,
hinininda hororovie,
hinininda hororovie,
hinininda hororovie.

Triple. I hininindi hororovi,
hininindi hororovi,
hininindi hororovi,
hininindi hororovi,
hininindi hororovi,
hininindi hororovi,
hininindi hororovi,
hininindi hororovi.

4th Var. I hintorori, hintarari,
hintorori, hintarari,

hintorori, hintarari,
hintorori, hintarari,
hintorori, hintarari,
hintorari, hintarari,
hintorori, hintarari,
hintorori, hintarari,

Double. I hintarari, hintierari,
hintarari, hintierari,
hintarari, hintierari,
hintarari, hintierari,
hintarari, hintierari,
hintarari, hintierari,
hintarari, hintierari,
hintarari, hintierari.

Triple. I hientiriri, hientiriri,
hientiriri, hientiriri,
hientiriri, hientiriri,
hientiriri, hientiriri,
hientiriri, hientiriri,
hientiriri, hientiriri,
hientiriri, hientiriri,
hientiriri, hientiriri,

No. XIII.

LAMENTATION OF MAC VIC ALLISTER, *commonly called* ALLISTER DHU OF GLENGARY, ESQ.

I hiembotrao, hioradine, hodro, botrieo, hiodine,
hodro, diriro, hiererine, hieririne,
hiembotrao, hioradine, hodro, botrieo, hiodine,
hodro, diriro, hiererini, hiererine,
hiembotrie, hiavirla, hie ha, hie ha,
hi ha, hi ha, hie ho, hie ho, haichin, hiachin,
hiachin, hiachin, hi hu, hioichin, hiea ho,

bitrio, havi, hiea hovi, hiochin,
hiochin, hiodin, hiererine, hiererine, hiererine.

1st Var. I hiennin, hachin, hochin, hochin, hochin, hochin,
hiennin, hiennin, hiennin, hierorin,
hiennin, hachin, hochin, hochin, hochin, hochin,
hiennin, hiennin, hiennin, hiennin,
hiennin, hachin, hachin, hiechin, hiechin,
hichin, hichin, hiechin, hiechin, hichin, hiechin,
haichin, haichin, hiechin, haichin, hiochin,
hochin, hochin, hiennin, hiennin, hiennin, hiennin.

Double. I hienin ta ha, ho ho, ho ho, ho ho, ho ho,
hienin, hienin, hienin, hienin,
hienin, ta ha, ho ho, ho ho, ho ho, ho ho,
hienin, hienin, hienin, hienin,
ha ha, ha ha, hie hie, hie hie, hi hi, hi hi,
hie hie, hie hie, hi hi, hie hie, hia ha, hia ha,
hie hie, hia ha, hio ho, ho ho, ho ho,
hienin, hienin, hienin, hienin.   .

2d Var. Hiendirit, hadirit, hodirit, hodirit, hodirit,
hodirit, hindirit, hindirit, hindirit, hindirit,
hiendirit, hadirit, hodirit, hodirit, hodirit,
hodirit, hindirit, hindirit, hindirit, hindirit.
hiadirit, hiadirit, hiedirit, hiedirit,
hidirit, hidirit, hiedirit, hiedirit,
hidirit, hiedirit, hiadirit, hiadirit,
hiedirit, hiadirit, hodirit, hodirit, hodirit,
hindirit, hindirit, hindirit, hindirit.

Double. I hieninin, hadraha, hodroho, hodroho, hodroho,
hodroho, hieninin, hieninin, hieninin, hieninin,
hieninin, hadraha, hodroho, hodroho, hodroho,
hodroho, hieninin, hieninin, hieninin, hieninin,
hadraha, hadraha, hiedriehie, hiedriehie,
hidrihi, hidrihi, hiedriehie, hiedriehie,
hidrihi, hiedriehie, hiadraha, hiadraha,
hiedriehie, hiadraha, hodroho, hodroho,
hodroho, hieninin, hieninin, hieninin, hieninin.

3d Var. Hiendatri, hadatri, hodatri, hodatri, hodatri,
hodatri, hiendatri, hiendatri, hiendatri, hiendatri,

hidatri, hadatri, hiedatri, hiedatri,
hidatri, hidatri, hiedatri, hiedatri,
hidatri, hiedatri, hiadatri, hiadatri,
hiedatri, hiadatri, hiadatri, hodatri, hodatri,
hiendatri, hiendatri, hiendatri, hiendatri.

Double 3. Hiendratrieri, hadratrieri, hodratrieri, hodratrieri, hodratrieri,
hodratrieri, hiendratrieri, hiendratrieri, hiendratrieri, hien-
dratrieri,
hadratrieri, hadratrieri, hiedratrieri, hiedratrieri,
hidratrieri, hidratrieri, hiedratrieri, hiedratrieri,
hidratrieri, hiedratrieri, hiadratrieri, hiadratrieri,
hiedratrieri, hiadratrieri, hiadratrieri, hodratrieri, hodratrieri,
hiendratrieri, hiendratrieri, hiendratrieri, hiendratrieri.

No. XIV.

CAUGH VIC RIGH ARO, A LAMENT.

Ho radin tro, ho radin hin,
huo radin truo, huo radin hin,
ho radin tro, ho radin hin,
ha radin tra, ha radin tra,
huo radin tra, ho radin hin,
ho radin tro, ho radin hin,
ho radin tro, ho radin hin.
ha radin tra, ha tradin tra.

1st Var.   I hiochin, hiochin, hiochin, hindun,
huochin, hochin, huochin, hundun,
hiochin, hiochin, huochin, hindun,
hiachin hiachin, hiachin hiachin,
huochin hiachin, hiochin hindin,
hiochin hiochin, hiochin hindun,
huochin hochin, huochin hindun,
hiachin hiachin, hiachin hiachin.

Double.   I hioho hioho, hioho hindun,

huoho ho ho, huoho hindun,
hioho hioho, huoho hindun,
hiaha hiaha, hiaha hiaha,
huoho hiaha, hioho hindun,
hioho hioho, hioho hindun,
huoho ho ho, hioho hundun,
hiaha hiaha, hiaha hiaha.

2d Var.   I hidirit hiodirit, hiodirit hindirit,
huodirit hodirit, huodirit hindirit,
hiodirit hiodirit, huodirit hindirit,
hiadirit hiadirit, hiadirit hiadirit,
huodirit hiadirit, hiodirit hindirit,
hiodirit hiodirit, hiodirit hindirit,
huodirit, hodirit, hiodirit hundirit,
hiadirit hiadirit, hiadirit hiadirit.

Double.   I hidatri hiodatri, hiodatri hindatri,
huodatri hodatri, huodatri hindatri,
hiodatri hiodatri, huodatri hindatri,
hiadatri hiadatri, hiadatri hiadatri,
huodatri hiadatri, hiodatri hindatri,
hiodatri hiodatri, hiodatri hindatri,
huodatri hodatri, hiodatri hindatri,
hiadatri hiadatri, hiadatri hiadatri.

No. XV.

I hiem dodin tra, hio drodin bodrie,
hia bodrieo tra, hio drodin dro,
hiem dodin dra, hio drodin bodrie,
hia bodrieo dra, hio drodin dra,
hio dra drodrie, hiaradin dro,
hie driea ho, hiem bodrie dra.

1st Var.   I hienin hochin hachin, hienin ha ho hiechin,
hienin hieho hachin, hienin hochin hodin,
hienin hiea hiechin, hienin ha ho hachin.

hienin thieo hachin, hinin hochin hiedin.

Double. I hienin to ho ha ha, hienin ta ha, hie hie,
hienin tie hie ha ha, hininin to ho, ho ho,
hininin to ho ha ha, hininin ta ha, hie hie,
hininin tie hie ha ha, hininin to ho, ha ha,
hininin to ho ha ha, hininin ta ha, hie hie,
hininin tie hie ha ha, hininin to ho, ho ho,
hininin tie hie hie, hininin ta ha, ha ha,
hininin ti hi ha ha, hininin to ho, hie hie.

2d Var. I hindire do inda, hindire da indi,
hindire di inda, hindire do indo,
hindire do inda, hindire da indi,
hindire di inda, hindire do inda,
hindire do inda, hindire da indi,
hindire di inda, hindire do indo,
hindire di indi, hindire da inda,
hindire di inda, hindire do indi.

3d Var. I hindir todirit hadirit, hindir tadirit hiedirit,
hindir tiedirit hadirit, hindir todirit hiodin,
hindir todirit hadirit, hindir tadirit hiedirit,
hindir tiedirit hadirit, hindir todirit hadin,
hindir todirit hadirit, hindir tadirit hiedirit,
hindir tiedirit hadirit, hindir todirit hiodin,
hindir tiedirit hiedirit, hindir tadirit hadirit,
hindir tiedirit hadirit, hindir todirit hiedin.

Double. I hiendir todirit hadirit, hindir tadirit hiedirit,
hindir tiedirit hadirit, hindir todirit hodirit,
hindir todirit hadirit, hindir todirit hiedirit,
hindir tiedirit hadirit, hindir todirit hadirit,
hindir todirit hadirit, hindir tadirit hiedirit,
hindir tiedirit hadirit, hindir todirit hodirit,
hindir tiedirit hiedirit, hindir tadirit hadirit,
hindir tiedirit hadirit, hindir todirit hiedirit.

4th Var. I hindatri hodatri hadatri, hindatri hadatri hiedatri,
hindatri hiedatri hadatri, hindatri hodatri hiodin,
hindatri hodatri hadatri, hindatri hadatri hiedatri,
hindatri hiedatri hadatri, hindatri hodatri hadin,
hindatri hodatri hadatri, hindatri hadatri hiedatri,

hindatri hiedatri hadatri, hindatri hodatri hiodin,
hindatri hiedatri hiedatri, hindatri hadatri hadatri,
hindatri hiedatri hadatri, hindatri hodatri hiedin.

Double.   I hindatri hodatri hadatri, hindatri hadatri hiedatri,
hindatri hiedatri hadatri, hindatri hodatri hiodatri,
hindatri hodatri hadatri, hindatri hadatri hiedatri,
hindatri hiedatri hadatri, hindatri hodatri hadatri,
hindatri hodatri hadatri, hindatri hadatri hiedatri,
hindatri hiedatri hadatri, hindatri hodatri hodatri,
hindatri hiedotri hiedatri, hindatri hadatri hadatri,
hindatri hiedatri hadatri, hindatri hodatri hiedatri.

No. XVI.

ISABEL NICH KAY.

I hirerinc ho botrie,
hiaverla ha botri,
hierero ha botrie,
hiaverla ha radin,
hirerine ho botrie,
hiaverla ha botri,
hierero ha botrie,
hiaverla ha radin,
hirerine ho botrie,
hiererie hie botri,
hierero ha botri,
hiererie hie odin,
hierenin ho botrie,
hiaverla ha botri,
hiu bodrie hia bodrie,
hierero ha radin.

1st Var.   I hiererine hoieo,
hiaverla havia,
hierero haiea,
hiaverla haradin,
hierine hoieo,

hiaverla havia,
hierero haica,
hiaverla haradin,
hierine hoieo,
hiererie havia,
hierero havia,
hiererie hie odin,
hiererin ho vieo,
hiaverla havia,
hiurerie haviea,
hierero haradin.

2d Var.　I hindirinan hodiriti,
hadiriti hadiriti,
hodirita hodiriti,
hadiriti hadiriti,
hindirinan hodiriti,
hadiriti hadiriti,
hodirita hodiriti,
hadiriti hadiriti,
hindirinan hodiriti,
hiediriti hiediriti,
hodirita hodiriti,
hiediriti hiediriti,
hindirinin hodiriti,
hadirita hadiriti,
hiediriti hadiriti,
hodirito hiediriti,

3d Var.　I hindadirenan hodedirindi,
hadedirindi hadedirindi,
hodedirinda hodedirindi,
hadedirindi hadedirindi,
hindadirenan hodedirindi,
hadedirindi hadedirindi,
hodedirinda hodedirindi,
hadedirindi hadedirindi,
hindaderinan hodadirindi,
hiedadirindi hiodadirindi,
hodadirinda hodadirindi,

hiedadirindi hiedadirindi,
hindadirinin hodadirindi,
hadadirindi hadadirindi,
hiedadirindi hadadirinda,
hodadirinda hiedadirindi.

No. XVII.

*Lament for King James having left the Crown of
England and Scotland and going to France.*

I hiodro diriro, hiendo bodrie,
  hiodroradin, hienhin, bidrie,
  hie bietri hie, hio bodrie dro,
  hiodro dirio, hiem bodri hie,
  hiodroradin hien hin dro,
  hio bodrie oho, hiento bedrie,
  hiodro dieli hiea, druvi hiea,
  dro oho, hienine dro,
  hien dieli hie, hiu bodrie dieli,
  hieu druviu, hien do tro,
  diu viu, hiu viu, hiu viu,
  hieo vio, hieo vio, hiererine tro.

1st Var. I hochin hochin, hinin thieo,
  hochin hochin, hinin thio,
  hiechin hiechin, hichin hichin,
  hochin hochin, hinin thieo,
  hichin hichin, hiechin hochin,
  hochin hochin, hinin thio,
  hiechin hiechin, hichin hichin,
  hochin hochin, hinin thieo,
  hochin hochin, hinin thio,
  hochin hochin, hinin thieo,
  hichin hichin, hiechin hochin,

r

hochin hochin. hininin thio,
hiechin hiechin, hichin hichin,
hochin hochin, hininin thieo,
dulien hichin, hiechin hochin,
hochin hochin, hininin hiho.

2d Var.

I ho ho, ho ho, haninin tieho, ho ho, ho ho, haninin tihi,
hie hie, hi hi, ho ho, ho ho, ho ho, ho ho, haninin tieho,
hi hi, hi hi, hie hie, hie hie, ho ho, ho ho, haninin tiho,
hie hie, hie hie, hi hi, hi hi, ho ho, ho ho, haninin tieho,
hioho, ho ho, haninin tihi, ho ho, ho ho, haninin tiehie,
hi hi, hi hi, hie hie, ho ho, ho ho, ho ho, haninin tihi,
hie hie, hie hie, hi hi, hi hi, ho ho, ho ho, haninin tiehi,
hi hi, hi hi, hie hie, ho ho, ho ho, ho ho, haninin tihi.

No. XVIII.

LAMENT FOR THE LAIRD OF AINAPOLE.

I hio dir ivio, hirir ri ri,
 hio dir i vio, hirir ri ri,
 hiurie riu vi drio, hiurie ru hie,
 ha botrie hie, ha dir ho haine,
 hi ier ru vi ri, ha o botria,
 hi ier ruviri, hi ier rie o,
 ha o ha botri, duliu diria,
 hier cru vi ri, hier e rie a,
 hier cru vi ri, hier e rie o,
 hia vir la vi, hia vir ladin,
 hio rir rova, hior ir ro hin,
 hien di ho dra, hieo hindan.

1st Var.

I hir iri ri evu, hir iri ri u,
 hir iri ri evu, hir iri ri a,
 hier ieru ri iva, hier ir ru rieho,
 hia ho va, hie a hie, rievi hiodin,
 hier ie ru, hia odro, hier ieru hi diodro,

hier eru, hia o dro, hier eru, hie o,
hia i va, hie a hi, huvili, hi o dro,
hiudili, hieva, hiurerie, hie ha,
hindili, hieva, hiereri hie ho,
ha bo trie, hie a ho, hiaverla, hadin,
hio botrie, haradin, hierie ro hodin,
heim botrie ha o hien hio a hin, hien hir.

2d Var.   I hidirit, hidirit, hidirit, hi u,
hidirit, hidirit, hidirit, hi a,
hiedirit, hidirit, hiedirit, hie o,
hadirit, hiedirit, hidirit, hiodin,
hiodirit, hidirit, hadirit, hia,
hiedirit, hidirit, hiedirit, hie ho,
hadirit, hiedirit, hidirit, hi ha,
hiedirit, hidirit, hiedirit, hie o,
hadirit, hiedirit, hadirit, hadin,
hiodirit, hadirit, hodirit, hiodin,
hindirit, hadirit, hodirit, hiendan.

Double.   1 hidirit, hidirit, hidirit, hidirit,
hidirit, hidirit, hidirit, hidirit,
hiedirit, hidirit, hiedirit, hiedirit,
hadirit, hiedirit, hidirit, hiodirit,
hiodirit, hidirit, hadirit, hiadirit,
hiedirit, hidirit, hiedirit, hiedirit,
hadirit, hiedirit, hidirit, hidirit,
hiedirit, hidirit, hiedirit, hiedirit,
hadirit, hiedirit, hadirit, hadirit,
hiodirit, hadirit, hodirit, hiodirit,
hindirit, hadirit, hodirit, hiendirit.

3d Crau-   1 hi die dru, hi die dru, hi die dru, hi u,
laugh.   hi die dru, hi die dru, hi die dru, hi a,
hiedrie dru, hi die dru, hie die dru, hie o,
ha die dru, hie die dru, hi die dru, hio in,
hio die dru, hi die dru, ha die dru, hi a,
hie die dru, hi die dru, hie die dru, hie o,
ha die dru, hie die dru, hi die dru, hi a,
hie die dru, hi die dru, hie die dru, hie o,
ha die dru, hie die dru, ha die dru, hiain,

hio die dru, ha die dru, ho die dru, hioin,
hin die dru, ha dei dru, ho die dru, hien diedrun.

Double.   I hi did tri, hi did tri, hi did tri, hi did tri,
hi did tri, hi did tri, hi did tri, hi did tri,
hie did tri, hi did tri, hie did tri, hie did tri,
ha did tri, hie did tri, hi did tri, hio did tri,
hio did tri, hie did tri, ha did tri, hia did tri,
hie did tri, hi did tri, hie did tri, hie did tri,
ha did tri, hie did tri, hi did tri, hia did tri,
hie did tri, hi did tri, hie did tri, hie did tri,
ha did tri, hie did tri, ha did tri, hia did tri,
hio did tri, ha did tri, ho did tri, hio did tri,
hin did tri, ha did tri, ho did tri, hien did trun.

No. XIX.

TUMILIN O'COUNICHAN, AN IRISH TUNE.

I hiroriro, hioriro, hiericrin, hierierin,
hioriro, haddin dro, hioriro, hioriro, hiericrine,
haddin dro, hiericrine, hiericrine,
hioriro, haddin dro, hioriro, hioriro, hierierine, hierierine,
hioriro, hioriro, hiericrine, haddin dro, hieririn, hieririn,
hiorire, haddin dro, hioriro, hioriro, hiein, haddin,
hoddin dro, hieririn, hiem bodro.

1st Var.   I hiochin, hochin, hiendun, hiendun,
hiochin, hachin, hiochin, hochin, hiendun,
hiochin, hiendun, hiendun,
hiochin, hiachin, hiochin, hiochin, hiendun, hiendan,
hiochin, hiochin, hiendun, hiochin, hiendun, hiendun,
hiochin, hiachin, hiochin, hiochin hiachin, hiochin,
hiendun, hiendin.

Double.   I hio ho, ho ho, hiendun,
hio ho, hia ha, ho ho, ho ho, hiendun,
ho ho, hiendun, hiendun,

hio ho, hia hi, hio ho, hio ho, hiendun, hiendun,
hio ho, hio ho, hiendun, hio ho, hiendun hiendun,
hio ho, hia ha, hio ho, hio ho, hia ha, hio ho,
hiendun, hiendun.

2d Var.   I hiodirit, hodirit, hiendirit, hiendirit,
hodirit, hadiri, hodirit, hodirit, hiendirit,
hodirit, hiendirit, hiendirit,
hiodirit, hiadirit, hiodirit, hiodirit, hiendirit, hiendirit,
hiodirit, hiodirit, hiendirit, hiodirit, hiendirit hiendirit,
hiodirit, hiadirit, hiodirit, hiodirit, hiadirit, hiodirit,
hiendirit, hiendirit.

3d Var.   I hiolielo, holielo, hieninin, hieninin,
holielo, hodrova, holielo, holielo, hieninin,
holielo, hieninin, hieninin,
hiolielo hodrova, hiolielo, hiolielo, hieninin, hiennin,
hiolielo, hielielo, hieninin, hiolielo, hiennin, hiennin,
hiolielo, hodrova, hiolielo, hiolielo, hodrova, hiolielo,
hieninin, hieninin.

4th Var.   I hiodatri, hodatri, hiendatri, hiendatri,
hiodatri, hiadatri, hodatri, hodatri, hiendatri,
hodatri, hiendatri, hiendatri,
hiodatri, hiadatri, hiodatri, hiodatri, hiendatri, hiendatri,
hiodatri, hiodatri, hiendatri, hiodatri, hiendatri, hiendatri,
hiodatri, hiadatri, hiodatri, hiodatri, hiadatri, hiodatri,
hiendatri, hiendatri.

No. XX.

KILCHRIST.

I hin do, ho dro, hin do, ho dro,
hin do, ho dro, hin do, ho dra,
hin do, ho dro, hin da, chin drine,
hin do, ho dro, hin do, ho dra,
hin do, ho dro, hin do, ho dro,
hin do, ho dro, hin da, chin drin.

hin do, ho dro, hin do, ho dra,
hin da, hin do, hin do, chin drine.

1st Var. I hin da, hin do, hin do, ho dro,
hin da, hin do, hin do, ho dro,
hin do, hin da, hin do, chin drine,
hin da, hin do, hin do, ho dro,
hin do, hin do, hin da, hin da,
hin do, hin da, hin do, hin drin,
hin da, hin do, hin do, ho dro,
hin do, hin da, hin do, chin drine.

Double. I hin da, hin do, hin do, hin do,
hin da, hin do, hin do, hin da,
hin do, hin da, hin do, hin drie,
hin da, hin do, hin do, hin do,
hin do, hin do, hin da, hin da,
hin do, hin da, hin do, hin drie,
hin da, hin do, hin do, hin do,
hin do, hin da, hin do, hin drie.

2d Var. I hin nin in da, hin nin in do,
hin nin in do, ho ho dro,
hin nin in da, hin nin in do,
hin nin in do, ho ho dro,
hin nin in do, hin nin in da,
hin nin in do, hie hie drie,
hin nin in da, hin nin in do,
hin nin in do, ho ho dro,
hin nin in do, hin nin in do,
hin nin in da, hin nin in da,
hin nin in do, hin nin in da,
hin nin in do, hie he drin.

Double. I hin nin in da, hin nin in do,
hin nin in do, hin nin in do,
hin nin in da, hin nin in do,
hin nin in do, hin nin in do,
hin nin in do, hin nin in da,
hin nin in do, hin dir in die,
hin nin in da, hin nin in do,
hin nin in do, hin nin in do,
hin nin in do, hin nin in do.

hin nin in da, hin nin in da,
hin nin in do, hin nin in da,
hin nin in do, hin dir in die,
hin nin in da, hin nin in do,
hin nin in do, hin nin in do,
hin nin in do, hin nin in da,
hin nin in do, hin dir in die.

3d Var. I hin dar ir ich in, dor ir ichin,
hin dir ir i, hi o dro,
hin dor ir ich in, do ir ichin,
hin dor ir i, hi o dro,
hin dor ir ichin, dar ir ichin,
hio dor ir ri, hi ie drie,
hin dar ir ichin, in dor ir ichin,
hin dor ir ri, hi o dro,
hin dor ir ichin, in dor ir ichin,
hin dar ir ichin, in dar ir ichin,
hin dor ir ichin, in dar ir ichin,
hin dor ir ri, hie ie drie,
hin dar ir ichin, in dor in ichin,
hin dor ir ri, hi o dro,
hin dor ir richin, in dar ir richin,
hin dor ir ri, hi ie drie.

Double. I hin dar ir ri, hien dor ir ri,
hin dor ir ri, hin dor ir ri,
hin dar ir ri, hin dor ir ri,
hin dor ir ri, hin dor ir ri,
hin dor ir ri, hin dar ir ri,
hin dor ir ri, hin da tiri,
hin dar ir ri, hin dor ir ri,
hin dor ir ri, hin dor ir ri,
hin dor ir ri, hin dor ir ri,
hin dar ir ri, hin dar ir ri,
hin dor ir ri, hin dar ir ri,
hin dor ir ri, hin da tiri,
hin dar ir ri, hin dor ir ri,
hin dor ir ri, hin dar ir ri,
hin dor ir ri, hin dar ir ri,
hin dor ir ri, hin da tiri.